AF272639

Von Menschen und Fliegen

Ralf Werner Steinen

Bibliographische Information der Deutschen
Nationalbibliothek.
Die Deutsche Nationalbibliothek
verzeichnet diese Publikation in der
Deutschen Nationalbibliographie;
detaillierte bibliographische Daten sind
im Internet über http://dnb.d-nb.de
abrufbar.

© 2009 Ralf Werner Steinen

Herstellung und Verlag: Books von Demand
GmbH, Norderstedt
ISBN-13: 9783837073850

Für Friedbert und Angelika am anderen Ende der Welt

Inhaltsverzeichnis   Seite

Wenn alle anderen schlafen   7
One Night Stand   8
Der Garten   9
Liebesgedicht   10
Ode für die Geliebte   11
Stern   12
Vom Jagen   13
Begehren   14
Die Eidbrüchige   15
Hinterm Gartenzaun   16
Frühsommer   17
Zug der Wildgänse   18
Abschied   19
Regen   20
September   21
Tod des Sommers   22
Herbstanfang   23
Herbstwald   24
Winterdepression   25
Wintergedicht   26
Weihnachtsgedanken   27
Multimediale Träume   28
Medienkrüppel   30
Wohnzimmerhelden   31
Dummheit   32
Gute Nacht Geschichte Teil 2   33
Paradoxon   35
Der Alleskönner   36
Der Tor   37
Der Dichter   38
Der Floh   39
Dicht und Dichter   40
Die Ballade vom Dämel und seinem Schemel   41
Ego   42

Inhaltsverzeichnis   Seite

Für den, der weiß für wen	43
Irrglaube	44
Katzenjammer	45
Kein Gedicht	46
Lokalpatriot	47
Limericks	48
Mariechen, Paule und der Zeh	50
Sinn oder Unsinn	51
Nachruf auf einen eingebildeten Kranken	52
Von Fliegen und Menschen	54
Beruf und Berufung	55
Der Herrscher	56
Der Wunsch	57
Industrielle Revolution	58
Ich bin ich	59
Schwanengesang	60
Die Beute	61
Schule	63
Wandel	64
Midlifecrisis	65
Glückes Schmied	66
Gradlinigkeit	67
Neulich in Wallhall	68
Eins	70
Labyrinth	71
Einsamkeit	72

Wenn alle anderen schlafen

Wenn alle anderen schlafen, schleich ich durch die Nacht.

Immer auf der Suche, immer auf der Jagd.

Auf der Jagd nach einer Seele, unverfälscht und nackt.

Reiße sie aus deiner Kehle, habe ich dich erst gepackt.

Atme gierig ein dein Leben, dort, wo es niemand sieht.

Singe unter heißen Tränen, dir ein Liebeslied.

Nun muss ich dich verlassen, so schön und doch so bleich.

Nur kurz war unsere Liebe, in unserem Königreich.

Ich wache auf am Morgen, bin ausgehöhlt und leer.

Ein unstillbarer Hunger, der treibt mich bald umher.

Wenn alle anderen schlafen, streif ich durch die Nacht.

Verdammt zu ewiger Suche, verflucht zu ewiger Jagd.

One Night Stand

Erhitzte Leiber

Sprühende Funken ungezügelter Lust

in lauer Sommernacht

Am Morgen verglüht

erstarrt zu kalter Asche

Geheuchelte Versprechen

flüchtige Blicke

Unter nebelverhangenem Himmel

ziehen zwei Fremde ihrer Wege

Der Garten

Ich möchte nachts in deinem Garten wandeln,

behutsam doch voller Lust.

Möcht von süßen Früchten naschen,

wild klopft's in meiner Brust.

Möcht mich an seiner Fülle weiden,

will berühren, spüren, verführen.

Wieder – wieder – immer wieder.

Selbst der Mond – der Schwerenöter –

schlägt verschämt die Augen nieder.

Und wenn gepflückt die reife Frucht,

stehl ich mich davon in Schatten geduckt –

auf samtenen Pfoten.

Vorbei an dem Schilde: „Betreten verboten"

Liebesgedicht

Spürst du das Mondlicht

das dich zärtlich umspült

Schmeckst du den Wind

der salzig her vom Meere weht

Riechst du den süßen Duft des Mohns

der schmeichelnd deine Nase kitzelt

Fühlst du meine Liebe

die dich sanft berührt

Bin ich auch fort

so bin ich doch bei dir

Ode für die Geliebte

Kleinod meines Herzens,

hell und klar wie Diamant,

stark und doch unendlich weich,

zart doch unerschütterlich.

Der Teil, der mich zum Ganzen macht.

Stern

Ich wollt', ich wär' zur Nacht ein Stern,

kalt und unnahbar.

Verliebt sich einer in mein Licht,

schon morgens bin ich nicht mehr da.

Vom Jagen

Ein Bauer sagt zu seiner Gattin:
„Heut' geh ich auf die Jagd."
Als er so im Walde pirscht,
da trifft er seine Magd.
Schnell vergessen wilde Schweine,
als sie schelmisch spreizt die Beine.
Da ruft er aus:
„Ich bin in Brunst. Komm, gewähr' mir deine Gunst!"
Wie ein Bock er sie bespringt,
im Astwerk laut ein Kuckuck singt.
Nimmt ran den Leib,
der heiß und schlank,
mit Waidmannsheil und Waidmannsdank.
Heftig kommt er dann zum Schuss.
Die Magd, sie keucht:
„So, jetzt ist Schluss!"
Schnell streift sie über ihren Rocken,
macht hurtig nun sich auf die Socken.
Als dann der Bauer kommt nach Haus,
sieht seine Frau zum Fenster raus.
Sie fragt: „Bist ohne Beute du zurück?"
Er grinst nur schief: „Hatt' halt kein Glück."

Und die Moral von der Geschicht':

Wenn einer mit leerem Beutel heimkommt,
bedeutet das nicht zwangsläufig,
dass er nichts vor die Flinte gekriegt hat.

Begehren

Frisches Mädchen
stark ist mein Begehren
möcht mit dir verkehren
nicht allein per Wort

Gerötet deine Wangen
als spazieren wir gegangen
und mein Blick dich traf

Frisches Mädchen
stark ist mein Begehren
will mich gar verzehren
hilf in meiner Not

Forschst kundig
mit den Händen
in der Gegend meiner Lenden
hast ein Einsehen doch

Später liegen wir erleichtert
unser Leben stark bereichert
unter Sternen eng umschlungen

Die Eidbrüchige

Frau ach Frau
welch scham- und treulos Ding
Ihr Ansehen hoch in Ehren
bis sie ihn hinterging

Verkaufte sich dem Feinde
für Mammon und für Tand
Ein Lächeln auf den Lippen
den Dolche im Gewand

Betrogen seine Liebe
wollt' sie ihn ruinieren
Beherrscht von niedrem Triebe
sollt' alles er verlieren

Auf Ehre und Gewissen
hatt' Wahrheit sie versprochen
Charakterlos mit Arg und List
ihr Schwur alsbald gebrochen

Ein Wort geheiligt
wenn einmal ward gegeben
Eidbruch Götter nie verzeih'n
auch nicht in hundert Leben

Hinter'm Gartenzaun

Am Gartenzaun, gleich hinter'm Haus,

endet alles mir Vertraute.

Dort fängt sie an, die weite Welt,

voller Wunder und Gefahren.

Oft stand ich schon an ihrer Schwelle,

nur einen winzig kleinen Schritt entfernt.

Doch stehe ich weiter hinter'm Zaun

und lausche sehnsüchtig ihren verlockenden Klängen.

Frühsommer

Schäflein grasen auf azurner Weide,

die Sonne streift lächelnd ihr dampfendes Vlies.

Was der Bienen Summen auf der Heide

mir tags zuvor wispernd verhieß,

pocht lockend heut' an meine Pforte.

Zug der Wildgänse

Die Wildgänse

gen Norden ziehen

Eine Sehnsucht erwacht

die nie ward gestillt

Am liebsten möcht ich

mit ihnen fliehen

und sende eine Träne nach

Abschied

Hab alle Zelte abgebrochen

es führt kein Weg zurück

Das Augenmerk nach vorn gerichtet

auf der Suche nach dem Glück

Die Zeiten die vergangen -

nicht alle schlecht

doch auch nicht gut

Von Neuem nun ganz anzufangen

Kraft kostet's – und Mut

Ein wenig ängstlich bin ich schon

kann hinter'n Horizont nicht sehen

Doch etwas zieht mich magisch an

und darum muss ich gehen

Regen

Regentag, du kalter, trüber,

fährst ungemach mir in die Glieder.

Nach deiner Lippen nassem Kuss,

mich angewidert schütteln muss.

Flutest mein Hirn – lässt mich wanken,

spülst aus dem Kopfe all meine Gedanken.

Sie zerfließen in Pfützen mit letztem Erzittern,

bevor sie im Schlamme für immer versickern.

Ich halte mich wacker, so gut ich's vermag.

Vielleicht kommt schon morgen ein besserer Tag.

September

Die Nasenflügel beben,

Herbstgeruch schwängert die Luft.

An gleicher Stelle gestern

noch Grillwürstchenduft.

Der Regen weint,

die Wolken tragen Trauer.

Liegt doch hinter'm September

der Winter auf der Lauer.

Tod des Sommers

Wenn zum Klagelied der Windgeister

welke Blätter im Ballett des Todes

sich drehen und tanzen

bevor sie seufzend in morastigen Tümpeln verenden

und auf abgeernteten Stoppelfeldern schwarz glänzende Krähen

sich sammeln zum Trauerzug

scheidet der Sommer dahin

Doch in all das Ächzen und Stöhnen

mischt sich ein zweiter Gesang

so hell und leise – kaum hörbar fast

„Ich komme wieder" haucht er dahin

und pflanzt den Funken der Hoffnung in mein Herz

Herbstanfang

Und wieder ist es Herbst geworden,

die warmen Tage geh'n dahin.

Schon ist es fröstelnd kühl am Morgen,

die Kraniche gen Süden zieh'n.

Kastanien hängen reif im Baum,

das Eichhorn hortet Haselnüsse.

Gefieder wurde weicher Flaum,

die Luft von ganz besond'rer Würze,

verleitet sanft zu einem Traum.

Am Himmel wirbeln bunte Drachen,

des Sommers letzte Ahnung,

entschwebt bei fröhlich' Kinderlachen.

Herbstwald

Der Sommer ist vergangen,

das Jahr es wird nun alt.

Es betöret wie verzaubert

im Herbste jetzt der Wald.

Wenn nach erster Rauhreifnacht,

honiggold die Sonne lacht,

glitzert in den Zweigen all

lieblich Tau wie Bergkristall.

Es strahlen die Blätter in Farben satt,

wie Jade, Jaspis und Granat.

Der Wald noch einmal entfaltet seine Kraft,

durch grüner Adern Bahn pulsiert des Lebens Saft.

Mit weichem Laub deckt er sich zu,

bereitet sich vor auf des Winters Ruh'.

Doch noch er mit seiner Schönheit die Sinne erhellt.

Komm, tritt ein in diese magische Welt.

Winterdepression

Werden im Herbst die Blätter welke,

liebste Elke, welkst auch du.

Mutierst bis März zur gefrusteten Kuh

und dein Hammel blökt dazu.

Wintergedicht

Schneegestöber – Winterkleid

Scheues Reh nach Nahrung gräbt

Zimtgeruch – Rosinenplätzchen

Wind durch kahle Äste fegt

Bär er liegt in tiefem Schlaf

Voll mit Vorräten die Scheuer

Streck behaglich meine Füße aus

daheim am wohl'gen Feuer

Weihnachtsgedanken

Weihnachtszeit oh Weihnachtszeit

macht hoch die Tür die Tor macht weit

Der Menschen Treiben gar verrückt

kopfschüttelnd Gott zur Erde blickt

Auf geile Geschenke ganz versessen

der Weihnacht Geist total vergessen

Gott knöpft seine Hose auf

lässt den Gefühlen freien Lauf

Wer wird die Menschlein schon vermissen

was schadet es sie wegzupissen

Multimediale Träume

Neulich hatte ich einen merkwürdigen Traum. Mir träumte, ich arbeitete als Schuster in einem alten Haus in einer kleinen Werkstatt, so wie es sie vor vielleicht mehr als hundert Jahren noch gegeben haben mochte. Plötzlich musste ich feststellen, dass mir das Leder ausgegangen war. Ich beschloss, in der Firma meiner Frau, einem Vertrieb für Computer-Zubehör, Nachschub zu besorgen.

Als ich klingelte, öffnete ihr Chef und musterte mich von oben bis unten. Mit den Worten: „Wir geben nichts!", knallte er mir die Tür vor der Nase zu. Ich klingelte erneut. Bevor der Mann sie ein zweites Mal zuschlagen konnte, hatte ich bereits meinen Fuß in den offenen Spalt gestellt. „Bettler unerwünscht", rief der Chef leicht nervös, weil er es nicht schaffte mich weg zu drücken. „Beruhigen Sie sich", redete ich beschwichtigend auf ihn ein.

„Ich bin weder Bettler, Hausierer noch Politiker. Erkennen Sie mich denn nicht? Ich muss nur kurz zu meiner Frau. Ich brauche neues Leder". Der Chef entspannte sich: „Ach so", sagte er und ließ mich eintreten.

Meine Frau und ich gingen in den Keller, wo der Ledervorrat lagerte. Wir nahmen jeder einen Karton und machten uns an den Rückweg. Als wir die Kellerpforte durchschritten, befanden wir uns unvermittelt in dem niedrigen, verräucherten Schankraum einer altertümlichen Gaststätte. Drei Personen hielten sich dort auf. Zwei saßen an einem der hölzernen Tische. Die Dritte stand, uns den Rücken zukehrend, am Tresen. Aus einer Jukebox hämmerte „In the name of god" von Slayer. Am gegenüberliegenden Ende des, mussten wir an dem Tisch mit den beiden Gestalten vorbei. Plötzlich schrie meine Frau. Der Karton entglitt ihr und sie fiel der Länge nach auf den schmutzigen Boden. Sie heulte und hielt sich das linke Knie. Mit den Fingern auf sie zeigend kreischten die Gestalten vor Vergnügen. Ihre Schadenfreude kannte keine Grenzen.

Zorn übermannte mich. Ich fasste eine Person am Kragen und versetzte ihr eine schallende Ohrfeige. Entsetzt schaute sie mich an. Mein Erstaunen war groß, als ich den Hitparadenheini Dieter Thomas Heck gewahrte. Dafür gab's eine zweite hinter die Löffel. Ich ließ Heck fahren, um mir den anderen zu greifen. Roy Black!

„Das wird ja immer besser!", dachte ich. Inzwischen hallte „Beyond the realms of death" von Judas Priest durch meinen Kopf. Ich nahm eben Maß, um Roy Black eine kurze Gerade auf's Auge zu geben, als jemand meinen Arm festhielt. Ich drehte mich um.

„Lass gut sein", sagte Götz George lächelnd. „Roy ist auch nur eine arme Sau, dazu schon tot. Es lohnt nicht. Komm, wir trinken einen".
„Gern", antwortete ich. Wie selbstverständlich folgte ich Götz George zur Theke. Er bestellte Whiskey Cola. Bei einigen Drinks unterhielten wir uns über Gott und die Welt. Es war eine seltsame Vertrautheit, so, als wenn wir uns bereits sehr lange kennen würden. Wir kamen bei unseren Gesprächen auch zu meiner Lieblingsfigur „Schimanski". Götz George analysierte deren Charakter bis ins Detail. Es kamen Facetten Schimanskis zum Vorschein, die ich bis dahin nie bedacht hatte.
Einig waren wir uns darüber, dass die alten „Tatort"-Folgen vielmehr Atmosphäre besaßen, als die neuen. Vor allem aber, dass Thanner an allen Ecken und Enden fehlte. Wir prosteten uns zu, um auf Thanners Wohl zu trinken. Type ´O` Negatives „Wolf Moon" dröhnte aus den Lautsprechern.

Die Musik wurde leiser, die Szenerie begann sich aufzulösen. Als ich in den Zustand des Aufwachens hinüberglitt, hörte ich eine sanfte Stimme sagen: „Dieser Traum wurde Ihnen präsentiert von der Hypo-Vereinsbank!"

Medienkrüppel

Du bist so oberflächlich

andere sind dir scheißegal

Tiefgang hieße denken

denken wäre ein Qual

Ein leerer Kopf ist so bequem

zuckst mit den Achseln bloß verächtlich

Dir geht's gut und das ist schön

du bist dir alleine wichtig

Die Glotze hat es vorgekaut

Hereinspaziert und zugeschaut

bei Big Brother - Talk - und Sensationen

wo sie aus Menschen Krüppel klonen

Wohnzimmerhelden

Abends seh' ich gerne fern,

denn in die Fern' geh' ich nicht gern.

Bezieh' aus der Glotze all mein Wissen,

von daheim, bequem im Sitzen.

Kann die spannendsten Abenteuer miterleben,

ohne vom Sofa mich zu erheben.

Reite mit Adam, Little Joe und Hoss

und mit Ben, der ist der Boss.

In der rauen Weite der Prärie, zwingen sie,

die bösen Buben in die Knie.

Ich kämpfe mit, wenn blaue Bohnen,

keinen üblen Schurken schonen.

Geh' mit den Waltons dann ins Bett:

„Gute Nacht John-Boy, träum' recht nett."

Ich stelle noch den Wecker, will morgen zeitig aufstehen,

muss ich doch beim Daktari auf Wameru vorbeisehen.

Dummheit

Dumme Menschen

werden unabhängig ihrer Bildung

immer dumme Menschen bleiben

Solange das so ist

und ein Wandel scheint nicht in Sicht

wird sich unsere Welt nicht zum Besseren verändern

Gute-Nacht-Geschichte Teil 2

Es war einmal ein alter Mann, der zog von Ort zu Ort, um Groß und Klein mit seinen Geschichten von Hexen, Feen, Ungeheuern, Prinzen und Prinzessinnen zu unterhalten. Und wie im Märchen üblich triumphierte letzt schließlich immer das Gute über das Böse. So war es kein Wunder, dass die phantastischen Erzählungen regen Beifall fanden.

Da trug es sich zu, dass einige Menschen ihre simplen Gemüter über Gebühr erhitzten, weil sie glaubten, sich in einer der harmlosen Geschichten wieder zu erkennen. Erbost schüttelten sie die Fäuste, verfluchten den armen Gesellen lautstark mit zornroten Köpfen und stampften wütend, trotzigen Kindern gleich, mit den Stiefeln auf den Boden. Ihre Empörung kannte keine Grenzen und so drohten sie dem guten Mann mit argem Ungemach. Also liefen sie, die Bevölkerung im Gefolge, zum Bürgermeister. Die Geschichte, zum Beweis fein säuberlich aufgeschrieben, unter den Arm geklemmt. Sie forderten den Bürgermeister auf, die schändlichen Worte des Schmierfinken gründlich zu studieren und ihn ob seiner Unverschämtheit aus dem Ort zu jagen.
Der Bürgermeister, ein weiser und gerechter Mann, gebot Ruhe. Er breitete die Schriftrollen vor sich auf dem Tisch aus und begann aufmerksam zu lesen. Hin und wieder runzelte er die Stirn oder räusperte sich. Der selbst ernannte Lynchmob stand mit offenen Mäulern da und erwartete mit Spannung den Aufruf des Bürgermeisters, sich den niederträchtigen Burschen zu schnappen, um es ihm richtig zu zeigen. Denn es konnte nicht angehen, brave, unbescholtene Leute solcher Art zu verunglimpfen. Als der Bürgermeister zu Ende gelesen hatte, legte er die Blätter ordentlich zusammen und blickte nachdenklich in die Runde. Durch die unerwartete Reaktion sichtlich irritiert, begann der Pöbel unruhig zu werden. Unsicher schweiften die Blicke zwischen Bürgermeister und den Mitgliedern des Aufgebotes hin und her. Endlich hob der Bürgermeister zu reden an und sagte, dass diejenigen, welche sich von der Geschichte angesprochen und beleidigt fühlten, vortreten sollten. Ein paar Gestalten lösten sich aus der Menge, um zum Schreibtisch vorzukommen. Dort standen sie nun aufgereiht wie Zinnsoldaten. Der Bürgermeister öffnete eine Schublade. Zum Vorschein kamen eine Handvoll, mit Silberglöckchen besetzte Narrenkappen. Jedem einzelnen überreichte er eine davon und hieß, sie

aufzusetzen. Etwas verwirrt taten die Leute wie geheißen und salutierten dabei zackig.

In der Menge entstand Gemurmel und erste Lacher waren zu hören. Der Bürgermeister schüttelte den Kopf und tippte sich an die Stirn. Dann sagte er „Wer sich über eine solch harmlose Geschichte derart erregt, ist wohl an Dummheit kaum zu überbieten. Aber bitteschön, wem der Schuh passt, der zieht ihn an und wenn es der Schuh eines Narren ist. Die dazugehörige Kopfbedeckung stifte ich gerne. Schaut nur in den Spiegel, wie gut sie euch steht. Jetzt packt euch und verschwindet. Ich will nicht länger mit solchem Unsinn belästigt werden!"
Als sich die Männer zutiefst beschämt in ihren prächtigen Kappen trollten, und die Silberglöckchen hell erklangen, konnte der Pöbel nicht mehr an sich halten. Die Menschen brachen in lautes Gelächter aus, prusteten und schlugen sich vor Vergnügen auf die Schenkel. Es war der lächerlichste Anblick, den sie je erlebt hatten und sicherlich nie vergessen würden. Einigen jedoch blieb das Lachen für lange Zeit im Halse stecken. Dem guten Geschichtenerzähler aber leisteten sie Abbitte und der lebte fortan unbehelligt.

Ein Rat noch zum Schluss, ihr ehrenwerten Leute:
Wer sich nur zu gern ereifert und auf andere mit dem Finger zeigt, der sollte ab und an in den Spiegel schauen um sich zu vergewissern, ob nicht eine Narrenkappe auch sein Haupt schon ziert. So gehabt euch wohl.

Paradoxon

Viele Menschen die viel wissen, reden nicht viel.

Viele Menschen die nicht viel wissen, dafür umso mehr.

Es ist schließlich auch eine Kunst,

eine Menge zu reden und nichts zu sagen.

Darauf kann man sich getrost etwas einbilden.

Es heißt nicht umsonst:

Viele Hunde sind des Hasen Tod.

Der Alleskönner

Er ist ein Mensch der alles kann,

will man seinen Worten glauben.

Was kann er denn der gute Mann?

Zu hoch hängen die Trauben.

Tatsächlich reicht's nur dann und wann,

die faulen aufzuklauben.

Der Tor

Ein törichter Mensch von allen verlacht

bis eine Fee ihm Glück gebracht

Nun geschah was er erträumt

ein jeder war ihm jetzt gut Freund

Mit Schmeicheleien – ganz versessen

all sein Geld ihm abzuschwätzen

Meinten sie hätten leichtes Spiel:

„Der dumme Kerl der merkt nicht viel"

Doch dieser registrierte bald

wem wirklich ihre Freundschaft galt

Ließ sich nicht führen hinters Licht

denn soweit ging die Torheit nicht

So warf er sie aus seinem Haus

die Neider gingen leer all aus

Und wer hier fragt jetzt nach dem Sinn

der schaue selbst mal in sich rin

Der Dichter

Wenn einer zu mir meint:

„Was bist du?",

blicke ich ihm scharf ins Auge

und sage prompt:

„Ich bin ein Dichter – ein Wortevernichter!

Bin ein eiskalter Sprachenzerspalter!

Mich zu suhlen im Buchstabenwust

bereitet mir Lust!

Noch Fragen?"

Der Floh

Ich lieg' des Nachts und träume brav,

schlafe den gerechten Schlaf.

Ein kleiner Stich – ich werde wach,

auf meinem nackten Bauche, ach,

ein Floh.

Ein Floh, der eben erst den Hunde floh,

sich auf meinen Körper schwang

und dann von meinem Blut betrank.

Dreister Vampir ich werd' mich wehren,

werde dich jetzt Mores lehren.

Das Insekt, zu Tode erschreckt,

als es in der Falle steckt.

Da denkt der Floh, als er zwischen Daumen

und Zeigefinger wird zerrieben:

„Wär' ich doch bloß beim Hund geblieben!".

Dicht und Dichter

Der Schreiber schreibt und schreibt und schreibt,

doch meist er unverstanden bleibt.

Dem Ahnungslosen ein suspekter Wicht er:

„Der ist wohl nicht ganz dicht, der Dichter!"

Die Ballade vom Dämel und seinem Schemel

Es war einmal ein Dämel
der saß auf einem Schemel.
Ganz plötzlich machte es „Bum!",
da fiel der Dämel um.

Kopfschüttelnd starrte der Dämel
entgeistert auf den Schemel.
Er konnte es nicht fassen,
das Verhalten wollt' nicht passen,
zum treuen Mobiliar.

Ab da beäugte der Dämel
mit Misstrauen den Schemel.
Fing an das Holz zu hassen,
tat aus seinen Diensten es entlassen.

Das ging dem Schemel sehr zu Herzen.
Er konnte das Unrecht nicht verschmerzen.
Übergoss sich schließlich mit Benzin,
sprang in den offenen Kamin –
„Wusch!", da war er hin.

Ego

Das Ego ist ein eitler Fant,

muss sich stets profilieren.

Maß, Vernunft und Selbstkritik

nicht grad' sein Wappen zieren.

„Platz gemacht, denn hier komm' ich,

was ihr wollt, interessiert mich nicht!"

So plärrt das Ego laut und schrill:

„Ich will! Ich will! Ich will! Ich will!"

und wundert sich dann Tag für Tag,

warum es niemand leiden mag.

Für den, der weiß für wen

Es war einmal ein Mann, der schrieb ne kleine Geschicht'.

Ein Neider wähnte sich gemeint und zerrte ihn vor Gericht.

Der Richter, weise wie er war, den Richtigen gericht'.

So verlor der Neider den Prozess und obendrein sein Gesicht.

Irrglaube

Über Dichter denken viele,

dass wohl den ganzen Tag er schriebe.

Doch hat er sich bei allem Streben

meist mit Profanem abzugeben.

Katzenjammer

Heute fällt kein Reim mir ein,

drum tröst' ich mich mit süßem Wein.

In vollen Zügen wird gezecht,

nach zwanzig Bechern wird mir schlecht.

Lieg' mit schwerem Schädel in den Kissen,

fühl' mich regelrecht beschissen

und denk' dröge:

Wie schmerzhaft kann doch sein das Dichten,

werd' wohl in Zukunft drauf verzichten.

Kein Gedicht

Ich brüte über leerem Blatt Papier

bereits 'ne ganze Weile

Zermartere mir mein Gehirn

herauskommt keine Zeile

Inspiration wo bist du nur

ein Gedichtlein möcht ich schreiben

Na ja es soll wohl heut' nicht sein

dann lass ich's eben bleiben

Lokalpatriot

Was soll ich in Amerika,

was soll ich mit viel Geld.

Am liebsten bin ich doch daheim,

denn das ist meine Welt.

Die Leute eigen, reden gern,

ist auch die Wahrheit noch so fern.

Doch verlegen um ne Antwort nie,

schließlich hat man seine Phantasie.

Und weiß man mal was Neues nicht,

wird einfach ein Gerücht erdicht'.

Ein jeder, der hier viel erzählt,

der schwört, dass es sich so verhält.

Münchhausen wär' vor Neid erblasst,

was in der Heimat wird für'n Stuß verfasst.

Ist manch ein Spruch auch mal gemein,

ich wollte nirgends anders sein.

Limericks

Es war eine Firma in H.dorf

Der Chef hielt seine Leute für sehr doof

Wurden verarscht lange Zeit

der Widerstand reichte nicht weit

So war das mit der Firma in H.dorf

Es war mal ein Pfarrer im Suff

der vergnügte sich prächtig im Puff

Fortan war der wackere Gottesstreiter

nicht nur Glaubens-

sondern auch Tripperverbreiter

Es wollt' mit eines Nachbarn Knochen

ein Mann sich eine Suppe kochen

Da kam mit großer Randale herbei die Polizei

Da rief erstaunt der Kannibale

„Keine Panik! Es reicht auch für Drei!"

Es lebte mal ein

Mann in Weiden

der liebte zu lieben junge Maiden

Dann fand man den Schänder der Kinder

Mariechen, Paule und der Zeh

Seit Tagen auf dem Kanapee,

jammert Mariechen: „Oh weh! Oh weh!

Wie schmerzt mich doch mein großer Zeh!"

„Das haben wir gleich.", murrt Paule knapp,

holt ein Beil und hackt ihn ab.

Das Mariechen fängt an, noch lauter zu schreien.

Typisch Frau! Kann auch nie zufrieden sein.

Sinn oder Unsinn

Der Sinn, der sich hinter scheinbar Sinnlosem verbirgt,

lässt den Sinn des Sinnvollen sinnlos erscheinen.

Vielleicht ist es auch umgekehrt.

Nachruf auf einen eingebildeten Kranken

Jetzt steh' ich hier am Grabe

einer tragischen Figur

Sein ganzes Leben eine Plage

eine einzige Tortur

Tat jemand nur von Krankheit reden

musste er sich gleich ins Bette legen

Es sagte einer: „Mir schmerzt der Bauch!"

rief er sogleich: „Der meine auch!"

Hatte einer Herzgeflimmer

„Das hab ich auch und noch viel schlimmer!"

Der Krankheitswahn er war ein Fluch

es folgte Arzt- auf Arztbesuch

Die Diagnose stets: Gesund!

brachte ihn bald vollends auf den Hund

So verschied er dann wie alle wussten

an einem nicht vorhandenen Husten

Ganz in weiß als sterbender Schwan

ist er zum Himmel aufgefahrn

Dort sitzt er nun und nervt die Engel

mit seinem: „Ich bin so krank!" Gequengel!

Von Fliegen und Menschen

Wenn du Preise hast gewonnen,

sich alle in deinem Glanze sonnen.

Ist dir kein Erfolg beschieden,

wirst du schon sehr bald gemieden.

Fazit:

Schmeißfliegen lieben die Kacke nur solange sie dampft!

Beruf und Berufung

In die Schule ging ich gerne,
weil man dort Interessantes lernte.
Die Berufswahl fiel mir schwer,
ich überlegte hin, überlegte her
was denn wohl das Richt'ge wär.

Als mir rein gar nichts ein wollt' fallen,
zog's mich zu des Handels Hallen.
Kaufmannstugend und Geschick
leider brachte das kein Glück.
Mir einzuhandeln bloß Verdruss
hieß rote Karte, raus und Schluss.

Ich ging in die Branche für Metalle,
das war vielleicht ne böse Falle.
Statt Ästhetik gab's nur Dreck,
auweia dacht ich, nix wie weg.

Man steckte mich zu den Soldaten
Löcher graben mit dem Spaten.
Marschieren – Exerzieren – Parieren
und am Panzer Nippel schmieren.

Dem Kommiss letztschließlich doch entkommen,
von der Industrie zur Brust genommen.
Vom Regen in die Traufe, ist das das Leben?
Es muss doch noch was anderes geben.

Die Götter hatten ein Einsehen und schickten mir Licht.
Aus sprudelndem Quell floss Gedicht auf Gedicht.
Vielleicht mal berühmt, vielleicht auch nicht.
Was soll's?

Was bleibt ist diese kleine Geschicht'.

Der Herrscher

Ich bin der Herrscher,
ihr alle tanzt nach meiner Pfeife.
Ich verfüge über euch
wie es mir beliebt.
Ich dulde keinen Widerspruch.
Für meinen Reichtum
legt ihr euch krumm.
Das finde ich gut.
Ich behandle euch schlecht,
warum auch nicht?
Ihr seid pure Funktion.
Brauche ich einen Sündenbock,
so finde ich einen,
der mir auch nach üblen Schmähungen
noch die Stiefel leckt.
Wagt doch einmal wer
mir die Stirn zu bieten,
sei er auch im Recht,
so ist schnell ein Vorwand bei der Hand
ihn zu entlassen.
Ich regiere mit Druck und Angst
und beute euch aus.
Das ist legitim,
schließlich bezahle ich dafür.
Immer weniger zwar,
aber immerhin.
Ich spiele mit eurer Existenz,
doch seid dankbar und huldigt.
Gewerkschaften und Betriebsräte kritisieren mein Verhalten.
Welche Anmaßung!
Komme ich nicht gleich nach Gott?
Ich bin der Herrscher!

Der Wunsch

Es war einmal ein Mann, der arbeitete seit Jahr und Tag an einer Stanze. Immer im Wechsel zwischen Früh-, Mittag- und Nachtschicht. Mit der Zeit überfielen ihn Depressionen, aus der Eintönigkeit seines Daseins geboren. So beschloss er sein Leben zu ändern, nur wusste er nicht wie. Er nahm einen Tag Urlaub um nachzudenken. Doch kam er zu keinem Ergebnis. Auch ein weiterer Urlaubstag brachte kein Resultat. So ging es weiter, bis der gesamte Urlaub aufgebraucht war. Eine Lösung fand er nicht.

Verzweifelt suchte er einen Arzt auf und klagte sein Leid. Der sagte: „Sie sollten mal Urlaub machen. So richtig ausspannen, verstehen Sie?" „Würde ich ja, wenn ich noch welchen hätte.", kam die resignierte Antwort. „Nun, dann gehen Sie eben zu den anonymen Alkoholikern.", meinte der Mediziner. „Aber ich habe kein Alkoholproblem!", rief der Mann bestürzt. Der Doktor klopfte ihm beruhigend auf die Schulter: „Keine Bange mein Lieber. Das wird schon, das wird schon. Hier, von diesen Tabletten nehmen Sie fünf Stück pro Tag. Dazu jeweils ein Bier und einen Schnaps. Das wirkt Wunder, sie werden sehen."

So tat der Mann wie geheißen. Ganz allmählich begann die Welt um ihn herum ihr Wesen zu verändern. Was vorher grau war wurde bunt. Die anonymen Alkoholiker waren lustige Gesellen. Er teilte Pillen und Schnaps mit ihnen und gemeinsam tauchten sie ein in die Sinnlichkeit eines nicht enden wollenden, orgiastischen Rausches. Selbst die stumpfsinnige Arbeit gedieh in philosophische Tiefen. Tag oder Nacht, wo lag der Unterschied? Die Depressionen verflogen, Euphorie ergriff von jeder Faser seines Selbst Besitz. Er war ein König, wer kam ihm gleich?

Die Kündigung, mit der Begründung er sei nicht mehr tragbar, hämmerte ihm als schlagringbewehrte Faust ins Gehirn. Ausgezählt am Boden dachte er: „Alles läuft doch hervorragend, oder etwa nicht?"
Entsetzt rannte er zu dem Arzt, schilderte hysterisch kreischend die Geschehnisse und bekam gelassen zur Antwort: „Nun, mein Bester. Sie wollten, dass sich ihr Leben ändert. Das hat es ja wohl getan. Was gibt es daran auszusetzen?" „Aber ich bin jetzt arbeitslos.", schluchzte der Mann. „Tja.", der Doktor zuckte mit den Achseln. „Man sollte halt gut überlegen, was man sich wünscht!"

Industrielle Revolution

Immer wühlen nur im Dreck

bis am Ende man verreckt.

Keine Lobby, keine Rechte,

elend ausgenutzte Knechte.

Ausgemergelt, leere Hand,

so ging's dem Arbeitnehmerstand.

Gegenwärtig fett und faul,

isst er gebrat'ne Tauben.

Lebt selbst wie ein König gar,

möcht man den Ob'ren glauben.

Ich bin ich

Einmal sagte ich: „Ich möchte mich selbst verwirklichen." „Blödsinn!",
meinte da der große Bruder, nahm mich bei der Hand, schleppte mich in
eine Fabrik und stellte mich dort an eine Maschine.
„Das hier ist dein Platz im Leben. Schau nur, wie geschmiert alles läuft.
Gibt es etwas Erhabeneres, als ein Rädchen im Getriebe zu sein? Also
funktioniere ohne Klagen, sei von Nutzen und erwirtschafte Profit."
Ich sagte: „Nein!" Daraufhin wurde der große Bruder böse. „Du wagst es,
die Ordnung in Frage zu stellen?!" schalt er. „Füge dich in die
Unabänderlichkeit der Dinge. Niemand tanzt hier aus der Reihe.
Funktioniere! Funktioniere!"
„Ich will nicht!" stemmte ich mich dagegen.

Da band mich der große Bruder mit dicken Ketten an der Maschine fest.
„Und du funktionierst doch!" schrie er voller Zorn und verschwand. Ich
zerrte an den Ketten, doch sie waren stark. Ich tobte und weinte, doch die
Ketten blieben fest. Die anderen Rädchen lachten über meine, ihnen
sinnlos erscheinende Handlungsweise.
Da rief ich voller Verzweiflung mit letzter Kraft: „Ich bin ich!"

Mit lautem Krachen zerbarsten die Fesseln. Die anderen Rädchen
verstummten entsetzt. Der große Bruder rannte herbei. Fassungslos, mit
offenem Mund, starrte er mich an.
Für einen kurzen Moment überlegte ich, ob noch etwas zu sagen bliebe.
Doch fiel mir nichts ein, was sie vielleicht hätten verstehen können. So
kehrte ich ihnen den Rücken und ging.

Schwanengesang

Dieses Gedicht ist meinen ehemaligen Kollegen gewidmet.

Hundert wechselvolle Jahre,
gabst Arbeit du und Brot.
Aus dem Leben jäh gerissen,
Schluss, Aus, Ende, tot !

Erwerbslos auf der Straße,
fragt der Kleine Mann : Warum ?
War die Geschäftsleitung gar machtlos,
oder einfach nur zu dumm ?

Der Clan der Vampire saugte,
ließ sein Opfer leer zurück.
Trank gierig Existenzen,
zerstörte Familienglück.

Vampire haben kein Gewissen,
denn was kümmert es sie schon,
sterben Herdorfs Arbeitsplätze
und ein Stückchen Tradition.

Wo einst beseelt von harter Arbeit Geist,
liegen kahle Gemäuer, in Bälde verwaist.
Zu hören nur Stille – nur Schweigen im Grab :
Das war Firma Ermert, die hier starb !

Die Beute

Schwer fällt die Wohnungstür hinter ihm ins Schloss. Noch immer ist sein Körper erhitzt. Mit einer fahrigen Bewegung wischt der den Schweiß von der Stirn, der in kleinen Rinnsalen über sein Gesicht perlt und in den Augen brennt.

Er fühlt sich wie im Fieberwahn. Mit zitternden Fingern legt er seine Beute in den braunen Sessel im Wohnzimmer und entledigt sich der karierten Jacke. Achtlos lässt er sie auf den hellen Teppichboden fallen. Benommen schüttelt er den Kopf. Langsam, mit schweren Schritten, schlurft er zum Kühlschrank. Bevor er die Coladose öffnet, rollt er sie über die glühende Stirn. Wie angenehm kühl sie ist. Zurück im Wohnzimmer sinkt er erschöpft gegenüber dem braunen Sessel auf die ebenfalls braune Couch. Den Blick starr auf seine Beute gerichtet. Ein lautes Zischen ertönt, als er die Lasche aufreißt. Er nimmt einen tiefen Schluck. Mit einem Seufzer stellt er das Getränk auf den kleinen runden Tisch. Er beugt sich vor, das Kinn auf beide Fäuste gestützt, um seine Beute näher zu betrachten.

Welche Angst er ausgestanden hatte. Bei diesem Gedanken bebt sein Körper erneut. Aber alles war nach Plan verlaufen. Im Nachhinein wundert er sich, wie einfach es im Grunde doch gewesen war. Niemand hatte seine Aufregung bemerkt, als er die Angestellten aufforderte, ihm die Beute zu übergeben. Immerhin war er in solchen Angelegenheiten kein Profi. Aber niemand der Anwesenden wagte ihm den Weg zu versperren. Er schnappte die Beute, zack und weg.
Den ganzen Nachhauseweg über erforderte es seine ganze Willensstärke, nicht einfach los zu rennen und somit die Blicke der anderen auf sich zu ziehen. Unbedingt unauffällig bleiben. Minuten dehnten sich zu Stunden, aber endlich bog er in die kleine Seitenstraße ein, in der er wohnt. Allmählich fällt die Spannung von ihm ab, der Blick wird klarer, der Puls beruhigt sich. Versonnen blickt der auf seine Beute. Jetzt gehört sie ihm. Er lächelt. Doch wo soll er sie unterbringen? Etwas nervös zuckt sein linkes Auge. Da fällt es ihm ein. Ja, der Platz würde der richtige sein. Er steht auf und nimmt seine Beute behutsam hoch, dann tritt er zu der beleuchteten gläsernen Vitrine. Vorsichtig dreht er den goldenen Schlüssel. Mit einem leichten Knarren in den Scharnieren schwingt die Türe auf.

Er setzt die Standuhr zu den anderen seiner umfangreichen Sammlung. Wieder lächelt er und freut sich über den guten Fang.

Es ist immer dasselbe, denkt er. Auf jeder Auktion komme ich mir vor wie ein Kind bei der Bescherung zu Weihnachten.

Schule

In der Schule lernt man für's Leben.

In Wahrheit ist das Leben die Schule,

in welcher ich jeden Tag Nachsitzen habe.

Wandel

Es ändern sich die Zeiten

nichts bleibt wie es ist

Das eine scheißegal

das and're arg vermisst

So ist der Lauf der Welt

das Rad steht niemals still

Und macht sich nicht die Mühe

zu fragen was ich will

Midlifecrisis

Den Schock der 30 kaum verdaut

als schon die 40 um mich haut.

Nicht mehr jung und noch nicht alt.

Nicht mehr heiß und noch nicht kalt.

Nicht mehr am Leben und doch nicht tot,

im Niemandsland – weder Genie noch Idiot.

Eine solide Existenz mir aufgebaut,

die besten Chancen blind versaut.

Dahingesiecht in des Berufes Öde,

die Liebste mit den Jahren spröde.

Desillusioniert zwar – aber ein Mann.

Ich fang noch mal zu träumen an!

Glückes Schmied

Ich schaue in dein Fenster

erkenne Verzweiflung im trüben Licht

Gerne würd' ich helfen

doch du hörst mich nicht

Ratlos muss ich scheiden

die Türe sie bleibt zu

Mich schmerzen deine Leiden

draußen ich und drinnen du

Und doch

Jeder ist seines eigenen Glückes Schmied

Gradlinigkeit

Im Leben kriegt man nichts geschenkt,

um alles muss man kämpfen.

Egal wie das Geschick dich lenkt,

lass deine Tatkraft niemals dämpfen.

Sitzt du zwischen allen Stühlen,

was soll's,

geh' gradaus deinen Weg.

Wenn keiner kann dein Mütchen kühlen,

wird zur Allee der schmalste Steg.

Neulich in Walhall

Letztens reiste ich in die obere Welt, um meinen Meister zu besuchen. In Asgard angekommen, machte ich mich auf zur Halle der Einherier, denn mit größter Wahrscheinlichkeit saß er dort bei Met und Schweinefleisch unter den feiernden Kriegern.

Doch statt mit den anderen zu scherzen und lachen, stand Thor missmutig vor sich hingrummelnd abseits des Getöses. Ich begrüßte den Asengott ehrerbietig. Ohne mich direkt anzusehen, fragte er gereizt: „Was willst du Sterblicher?" „Ich möchte deinen Rat erbitten, Meister", antwortete ich unsicher. „Einen Rat. Alle wollen immer einen Rat.", fuhr er übellaunig fort. „Könnt ihr Sterblichen nichts selbst regeln?! Als wenn wir hier nichts Besseres zu tun hätten, als euch Ratschläge zu erteilen, die ihr dann doch nicht befolgt. Du und deinesgleichen belästigt uns mit einem Schwachsinn, dass einem die Spucke wegbleibt. Seid ihr alle geisteskrank? Wäre ja eigentlich auch kein Wunder, wenn man bedenkt, wie es bei euch da unten zugeht. Früher, ja früher, war es einfach zu helfen. Fruchtbarkeit für die Felder, Mut in der Schlacht und ein gelegentliches Donnerwetter. Alle waren zufrieden. Doch heute ist das Leben so kompliziert geworden, dass unsereiner erst einmal Psychologie studieren müsste. Pah! Ich bin doch kein Kindermädchen für Heulsusen, die wimmernd an ihren hausgemachten Neurosen laborieren. Euch geht es zu gut, seid zu zivilisiert und verweichlicht."

Der Donnergott unterbrach seine Rede, spuckte einen breiten Strahl auf die strohbedeckten Steinplatten und nahm einen großen Schluck aus dem goldenen Pokal in seiner gewaltigen Faust. „Ein Krieg.", fuhr er in seinem Monolog fort: „So ein Krieg, der könnte nützlich sein. Würde euch sicher von eurem eingebildeten Elend kurieren. Schaut euch die Jungs im Nahen Osten an, die wissen wie man's macht."

Ich schüttelte verständnislos den Kopf: „Aber Meister ...".

Mit erhobenem Zeigefinger bedeutete mir Thor zu schweigen: „Ich weiß schon, was du sagen willst. Das gleiche Gesülze musste ich mir beim letzten Götterkongress von dem Nazarener und dessen Vater anhören. Doch wie weit sind sie mit ihren Methoden gekommen? Haben in Midgard zwar die größte Anhängerschar, womit sie sich in geheuchelter Bescheidenheit nur zu gern brüsten. Doch tanzt ihnen das degenerierte Pack nach Belieben auf der Nase rum. Ich würde Lokis Kopf verwetten, dass, wenn's hart auf hart käme, der Nazarener nicht noch einmal freiwillig am Kreuz baumeln möchte. War eh schon damals ziemlich blöd.

Na ja, egal, ist nicht meine Sache. Auf alle Fälle ist es ziemlich frustrierend mit ansehen zu müssen, was aus den Sterblichen geworden ist. Fahren den Karren immer wieder in den Dreck, lernen nichts dazu und zu guter letzt dürfen wir die Kastanien aus dem Feuer holen. Das ist mir manchmal dermaßen leid, dass, wäre ich nicht unsterblich, ich mich am liebsten von der Regenbogenbrücke stürzen würde. Selbst Odin, der eigentlich immer cool bleibt, kommt langsam schräg drauf. Hauptsächlich, weil bei euch unten, ein paar fehlgeleitete, kahlköpfige Phantasten unseren Mythos für ihre irre Weltanschauung missbrauchen. Deren geistiger Vater, so ein kleiner, verkrüppelter Österreicher mit seiner Schickse, stand neulich bei Odin auf der Matte. Heimdall hatte wohl gerade gepennt. Er prahlte mit seinen Taten, dass Millionen Feinde durch seinen Heldenmut auf dem Felde der Ehre gefallen seien und dass er Ordnung in die Dinge gebracht habe. Niemand hätte wohl mehr verdient in Walhall einzuziehen als er. Der Verrückte dachte wohl, er könne Odin für dumm verkaufen. Aber mein Vater hat nicht umsonst sein rechtes Auge geopfert. Mit einem Arschtritt beförderte Odin die Missgeburt samt Gespielin direkt in die Hölle des Nazareners, wo er für alle Zeiten brennen wird. Selbst des Nazareners Sanftmut kennt Grenzen. Von wegen, der halte auch die andere Wange hin."

Unvermittelt endete Thor und blickte mich an, als wenn er mich jetzt erst sähe. Er lächelte. Einen Augenblick später drückte mir der Donnergott einen Pokal Met in die Hand: „Hier, trink. Und dann stelle deine Frage." „Meine Frage ist bereits beantwortet.", sagte ich nach einem tiefen Schluck. „Ja.", Thor zwinkerte mir zu. „Die Hoffnung währt ewig, ebenso die Launen der Götter. Ich muss jetzt gehen, habe noch eine Verabredung mit ein paar Riesen

Eins

Fülle die Leere
Entleere die Schwere
Überschreite hohe Berge
Wandle Riesen zum Zwerge
Ersinne deine Lieder
Stehe auf , schlägt man dich nieder
Lausche den Legenden
Forme mit den Händen
Rede mit Bedacht
Kämpfe mit Macht
Hasse mit Leidenschaft
Liebe mit ganzer Kraft
Nimm an jede Bürde
Lebe mit Würde
Die Schattierungen des Seins

Alles ist eins...

Labyrinth

Suchen nach dem Sinn des Seins,
dem Sinn des Scheins,
dem Sinn des Sinns.
Bin ich wirklich wer ich bin?

Ist das Dasein Projektion?
Die Realität nur Illusion?
Ein Traum im Traum?
Der Träumer gefangen
im geistigen Kerker,
die Zeit als Wärter.
Zukunft - Gegenwart – Vergangenheit
Einige Dreifaltigkeit.

Ist Leben des Todes
schwaches Echo?

Verschollen im Labyrinth
der Gedanken.
Wo ist der Weg
der zur Erkenntnis führt?

Einsamkeit

Es ist so heiß
doch dir ist kalt
Du bist so jung
doch fühlst dich alt
Menschen schauen stier gradaus
allein in ihrem Schneckenhaus
Mit dicken Mauern
um ihr Herz
Keine Bindung
auch kein Schmerz
So sitzt du da
und trinkst dir einen
Manchmal fängst du an zu weinen
Der Preis ist hoch
bist du bereit
zu leben mit der Einsamkeit